AF247916

16° D 2 648 (3)

Paris
1879

Loyson, Hyacinthe

La Réforme catholique et l'Église anglicane, correspondance publiée par...

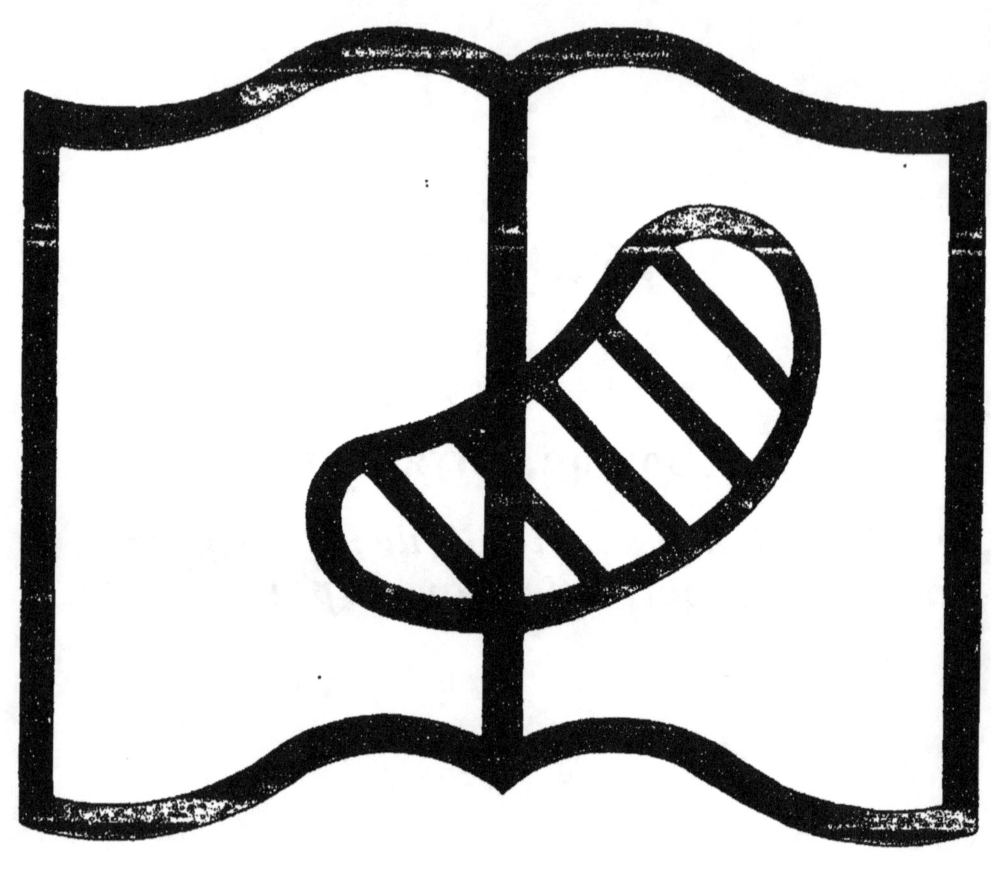

**Symbole applicable
pour tout, ou partie
des documents microfilmés**

Original illisible

NF Z 43-120-10

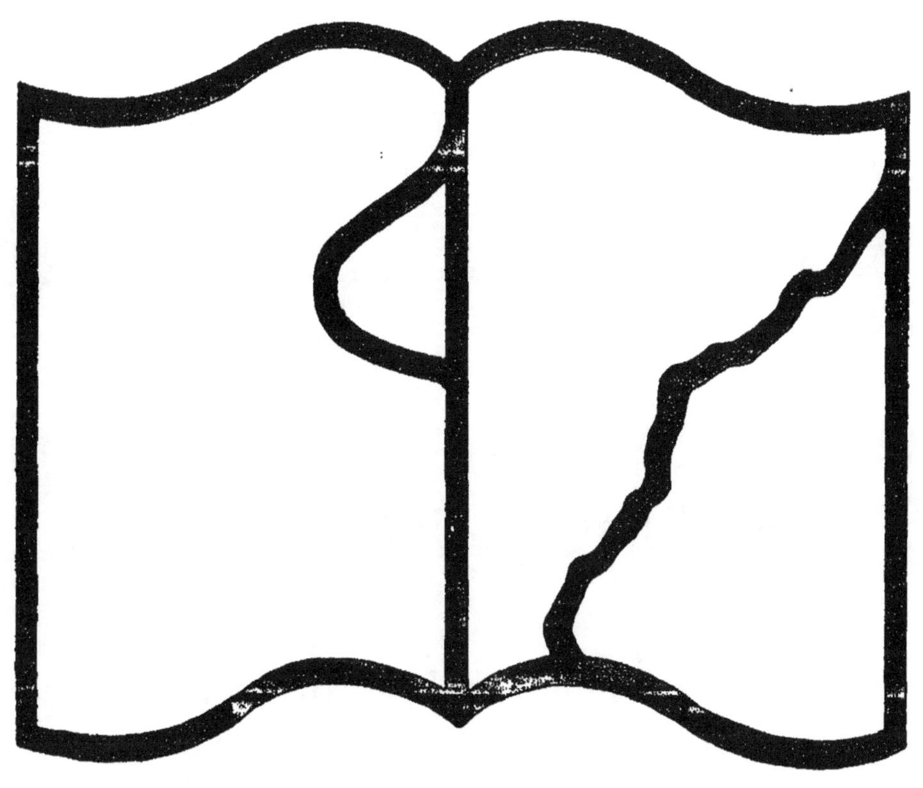

Symbole applicable
pour tout, ou partie
des documents microfilmés

Texte détérioré — reliure défectueuse

NF Z 43-120-11

III

LA

RÉFORME CATHOLIQUE

ET

L'ÉGLISE ANGLICANE

648
(3)

COULOMMIERS. — IMP. PAUL BRODARD.

LA
RÉFORME CATHOLIQUE

ET

L'ÉGLISE ANGLICANE

CORRESPONDANCE PUBLIÉE PAR LES SOINS

DE

HYACINTHE LOYSON

PRÊTRE

> Si jamais les chrétiens se rapprochent,
> comme tout les y invite, il semble que
> la motion doit partir de l'Église d'An-
> gleterre... Elle peut être considérée
> comme un de ces intermèdes chimiques
> capables de rapprocher les éléments
> insociables de leur nature.
>
> (Joseph de Maistre, *Considérations
> sur la France*, p. 27, édit. 1852.)

PARIS

SOCIÉTE DE LA RÉFORME CATHOLIQUE

GRASSART, LIBRAIRE-ÉDITEUR

2, RUE DE LA PAIX, 2

1879

Tous droits réservés.

L'UNION CATHOLIQUE

Les deux grands buts auxquels doit tendre le mouvement religieux dont le concile du Vatican a donné le signal, et qui est connu sous le nom d'ancien catholicisme, sont la réforme de l'Eglise latine et la restauration de l'unité chrétienne. Ces deux objets sont inséparables, mais le second a une portée plus générale et, si je peux m'exprimer ainsi, plus solennelle que le premier. Le jour qui verrait substituer, ou seulement opposer, à l'uniformité factice et oppressive de Rome, la libre et vivante unité de toutes les Eglises fidèles à l'institution apostolique, serait le plus grand qui eût lui sur le monde depuis le jour de la rédemption.

C'est pour préparer ce magnifique triomphe de l'unité véritable, accomplissement des prières et des promesses du Rédempteur, qu'ont été tenues à Bonn, en 1874 et en 1875, les mémorables conférences où, sous la présidence de l'illustre vieillard dont le nom signifie science, conscience et orthodoxie, M. Dœllinger. d'éminents théologiens de l'Église gréco-russe, de l'Église anglo-américaine et des Anciens-Catholiques de l'Allemagne ont jeté en commun les bases de l'union doctrinale des trois branches principales de la chrétienté traditionnelle.

Il restait à faire passer la question de l'ordre des idées dans celui des faits. C'est ce que les Anciens-Catholiques de France viennent de réaliser, pour leur part, en contractant avec la Communion anglicane les relations officielles que la correspondance suivante a pour but de définir, et auxquelles le respectable évêque de l'Église catholique chrétienne de la Suisse a donné son adhésion.

Les principes qui doivent présider à la réforme religieuse, que nous inaugurons en France, ont été développés dans les conférences données l'été dernier au Cirque d'hiver et publiées depuis en un volume au siége de la Société de la Réforme catholique [1].

1. *Les Principes de la Réforme catholique, ou l'Harmonie du catholicisme et de la civilisation, conférences de 1878 au Cirque d'hiver,* par Hyacinthe Loyson, prêtre. — Paris, Société de la Réforme catholique, Grassart, libraire-éditeur, rue de la Paix, 2.

Conservatrice par rapport au dogme divin, radicale par rapport à la discipline corrompue ou simplement usée, cette réforme peut se résumer dans les paroles qui servent d'épigraphe au volume indiqué : « Le papisme fait la faiblesse du catholicisme, et le catholicisme la force du papisme. » Elle répond au problème qui se pose, avec une insistance toujours plus grande et plus menaçante, devant les esprits politiques aussi bien que devant les consciences religieuses : Comment la France pourra-t-elle à la fois, comme elle le veut et comme il le faut, rester catholique et cesser d'être romaine ?

Une Église catholique gallicane sera ouverte à Paris, rue Rochechouart, n° 7, dans le courant du mois de janvier 1879. Le service religieux y sera célébré en français, et des prédications régulières y seront faites.

Daigne le divin Chef de l'Église, notre Sauveur et Seigneur Jésus-Christ, bénir cette œuvre, pour laquelle nous n'avons qu'une ambition : le salut des âmes et l'avènement de son règne !

Paris, le 15 décembre 1878, troisième dimanche de l'Avent.

HYACINTHE LOYSON,
Prêtre.

RÉSOLUTION DES ÉVÊQUES ANGLICANS ASSEMBLÉS A LAMBETH, EN JUILLET 1878, TOUCHANT LES RELATIONS AVEC LES ANCIENS-CATHOLIQUES [1].

Nous rendons au Dieu tout-puissant mille actions de grâces pour les protestations solennelles que, de toutes les parties du monde, tant d'Églises et de communautés chrétiennes ont élevées contre les usurpations du siège de Rome et contre les nouveaux dogmes qu'il a promulgués de sa propre autorité.

C'est un devoir pour l'Église anglicane de témoigner sa sympathie aux Églises et aux simples particuliers qui protestent contre ces erreurs et qui ont peut-être à lutter contre des difficultés particulières, tant à cause des attaques de l'incrédulité que de l'arrogance du siège de Rome.

Nous ne reconnaissons qu'un seul médiateur

1. Ce fragment est extrait de la *Lettre de cent évêques assemblés en Angleterre au palais de Lambeth l'an du salut 1878.* — Paris, Société de la Réforme catholique, Grassart, libraire-éditeur, rue de la Paix, 2.

entre Dieu et les hommes, Jésus-Christ homme, « qui est au-dessus de toutes choses, Dieu béni éternellement. » Nous rejetons, comme contraire aux saintes Écritures et à la vérité catholique, toute doctrine substituant d'autres médiateurs à sa place, ou altérant en quoi que ce soit sa divine majesté et la plénitude de la divinité qui habite en lui et qui a donné un prix infini au sacrifice sans tache, offert une seule fois sur la croix pour tous les péchés du genre humain.

En conséquence, nous nous croyons tenus d'avertir les fidèles que l'acte criminel par lequel l'évêque de Rome s'est attribué, dans le concile du Vatican tenu en l'année 1870, une suprématie sur tous les hommes en matière de foi et de mœurs, en s'arrogeant une infaillibilité mensongère, a été une usurpation manifeste des attributs de Notre-Seigneur Jésus-Christ lui-même.

Nul n'ignore les règles fondamentales qu'a suivies l'Église d'Angleterre pour opérer l'œuvre de sa propre réforme. Nous proclamons la suffisance et l'autorité des saintes Écritures comme règle suprême de foi, et nous en recommandons à tous l'étude sérieuse. Nous confessons notre foi dans les termes mêmes des anciens symboles catholiques. Nous gardons l'ordre apostolique des évêques, des prêtres et des diacres. Nous affirmons les libertés légitimes des Églises particulières ou nationales. Nous offrons aux fidèles, dans leur propre langue, le livre des prières publiques et de l'administration des sacrements, composé selon les meilleurs et les plus anciens types de la foi et du culte chrétien. Ce sont là des documents répandus en tous lieux et que chacun peut lire et étudier.

C'est donc avec bonheur que nous saluons tout essai de réforme opéré sur le modèle de la primitive Église. Nous ne demandons pas une uniformité rigide ; nous déplorons les divisions inutiles ; mais, à tous ceux qui se tournent vers nous pour échapper au joug de la superstition et de l'erreur, nous sommes prêts à offrir toute aide et les priviléges qui leur sont acceptables et qui ne sont point en contradiction avec les principes énoncés dans nos formulaires.

Nous recommandons que les questions de cette nature qui nous sont maintenant soumises soient traitées dans cet esprit. Mais en vue de tous les cas positifs dans lesquels on chercherait, dans l'occasion, un avis et une aide, nous recommandons que les archevêques d'Angleterre et d'Irlande, avec l'évêque de Londres, le primus de l'Église épiscopale d'Écosse et l'évêque président de l'Église épiscopale des États-Unis d'Amérique, l'évêque surintendant des congrégations américaines sur le continent d'Europe, et l'évêque de Gibraltar, avec tels autres évêques qu'ils pourraient s'adjoindre, soient requis d'aviser sur tous les cas où les circonstances le demanderont.

.·.

Unies sous un seul chef divin, Jésus-Christ, dans la société d'une seule Église catholique et apostolique, fermement attachées à une seule foi, celle qui, révélée dans la parole de Dieu, a été définie dans les symboles et constamment gardée par la primitive Église; recevant les mêmes Écritures canoniques de l'Ancien et du Nouveau Testament comme renfermant tout ce qui est nécessaire pour le salut éternel, nos Églises prêchent la même parole de Dieu, participent aux mêmes sacrements d'institution divine qui leur sont administrés par le ministère des mêmes ordres apostoliques et adorent le même Dieu et Père, par le même Seigneur Jésus-Christ, dans le même Saint-Esprit répandu sur tous les fidèles pour les amener à la plénitude de la vérité.

A cette unité, néanmoins, s'est toujours associée dans les usages, la discipline, les rites, une certaine variété produite par la prérogative que chaque Église particulière ou nationale revendique à bon droit d'instituer, de changer et d'abroger, pourvu que tout se fasse en vue de l'édification, les cérémonies et les rites ecclésiastiques établis par la seule autorité des hommes.

A Sa Grâce l'archevêque de Cantorbéry, président de la Commission formée par la Conférence des évêques de la Communion anglicane pour les relations avec les anciens-catholiques et les autres personnes qui se sont séparées de la communion romaine.

Londres, le 4 août 1878.

Révérendissime Père dans le Christ,

Maintenant que, après une longue et douloureuse attente, les prières de tant d'âmes ont été exaucées, et que la France s'ouvre enfin à la prédication d'un autre catholicisme que celui du Vatican, j'ai cru de mon devoir, comme prêtre catholique, de venir au secours de tant de consciences qui luttent, au milieu de grands dangers et de grandes souffrances, contre les deux courants contraires de la superstition et de l'infidélité. J'ai donné à Paris quelques conférences qui ont été suivies par un auditoire considérable et attentif. Le moment me semble venu de réunir sous un même drapeau, et surtout dans un même sanctuaire, ceux de mes compatriotes qui désirent se rattacher aux principes de l'ancienne Église catholique, si longtemps et si glorieusement conservés dans l'Église gallicane.

Malheureusement, dans les rangs de notre épiscopat tel que l'a fait le malheur des temps, nous comptons beaucoup d'adversaires, nous n'avons pas un seul pasteur. Et cependant, en France encore plus qu'ailleurs, il importe que le mouvement réparateur vienne d'en haut, je veux dire du pouvoir établi de Dieu pour gouverner son Église : sans cela, au lieu d'une réforme, nous aurions une révolution, et nous ne guéririons pas les maux de l'absolutisme ecclésiastique en leur opposant ceux de l'anarchie religieuse. Cette conviction, déjà ancienne chez moi, de récentes expériences n'ont fait que l'accroître, et c'est elle qui me conduit aujourd'hui vers vous, révérendissime Père dans le Christ, vers vous qui avez été placé par la providence de Dieu sur le plus ancien des sièges d'un épiscopat qui n'embrasse pas seulement dans ses puissants anneaux la vaste étendue du monde anglo-saxon, mais qui remonte aux apôtres par une succession certaine et ininterrompue.

Nous avons entendu avec émotion et gratitude les paroles par lesquelles, dans leur récente conférence, les évêques de la communion anglicane nous ont généreusement offert leur appui dans l'isolement et les luttes spirituelles où nous sommes engagés. « Nous ne demandons pas, nous ont-ils dit, une uniformité rigide ; nous déplorons les divisions inutiles ; mais, à ceux qui se tournent vers nous dans leur effort pour se débarrasser de ce joug d'erreur et de superstition, nous sommes prêts à offrir toute aide, et les privilèges qui leur sont acceptables et qui ne sont point en contradiction avec les principes énoncés dans nos formulaires. »

Nous vous remercions de ces paroles, et nous croyons avec l'épiscopat anglican que, si chaque évêque a reçu individuellement la charge d'une église particulière, tous les évêques chrétiens ont reçu collectivement — *in solidum*, selon la belle expression de saint Cyprien de Carthage — le soin de l'Église universelle. C'est ainsi que, dans les anciens jours, les évêques restés fidèles à la foi véritable ne refusaient jamais à des chrétientés étrangères à leur propre nation ou à leur propre diocèse le secours qu'elles réclamaient d'eux dans leur détresse.

Nous vous demandons de vouloir bien nous aider à nous maintenir sur cette base que vous indiquez vous-mêmes, dans le document déjà cité, comme celle de l'union catholique des Églises : « Un même Chef divin, une seule Église catholique et apostolique, une même foi révélée dans la sainte Écriture, définie dans les symboles et maintenue par l'Église primitive, un même canon des Écritures de l'Ancien et du Nouveau Testament, contenant toutes les choses nécessaires au salut. »

Des conférences publiques, sous une forme plus ou moins philosophique et polémique, ne suffisent pas à l'œuvre que nous entreprenons. Ce qu'il nous faut encore et surtout, c'est le culte liturgique et la prédication évangélique. Nous désirons rétablir le plus tôt qu'il nous sera possible l'usage des anciennes liturgies gallicanes, appropriées à nos besoins actuels, suivant les principes qui nous sont communs avec vous et qui se trouvent exposés dans votre lettre. La force d'une

Église n'est pas seulement dans le symbole de sa foi, elle est aussi dans le livre de sa prière.

Après l'aide matérielle qui nous est nécessaire pour la digne célébration du culte public, ce que nous désirons avec le plus d'ardeur, c'est la reconnaissance officielle de l'œuvre catholique des prêtres et des laïques qui s'efforcent de restaurer, sur une base tout à la fois plus large et plus ancienne que celle du concile de Trente, l'Église gallicane, officiellement supprimée par le concile du Vatican. Nous demandons à être reconnus par la communion anglicane comme formant en France une mission chrétienne, catholique et gallicane, placée provisoirement sous le gouvernement d'un ou plusieurs de ses évêques, jusqu'au jour où il nous sera possible de nous constituer nous-mêmes à l'état d'Église complète et autonome.

Un ultramontain de cœur et de génie, le comte Joseph de Maistre, a écrit ceci dans ses *Considérations sur la France* (p. 27, édit. 1852) : « Si jamais les chrétiens se rapprochent, comme tout les y invite, il semble que la motion doit partir de l'Église d'Angleterre..... Elle peut être considérée comme un de ces intermèdes chimiques capables de rapprocher des éléments insociables de leur nature. »

Qu'il me soit permis, révérendissime Père dans le Christ, de terminer ma lettre par ces lignes mémorables. Elles expriment à la fois un devoir et une prophétie.

C'est dans l'espérance qu'elles seront réalisées par vous et par nous, en Angleterre et en France, que je me déclare ici

Votre très-humble et très-dévoué serviteur et fils dans le Seigneur Jésus-Christ et dans la sainte Église catholique.

HYACINTHE LOYSON,
Prêtre.

LETTRE DE SA GRACE L'ARCHEVÊQUE
DE CANTORBÉRY,

Aux archevêques et évêques de la Commission formée par la conférence des évêques de la Communion anglicane pour les relations avec les anciens-catholiques et les autres personnes qui se sont séparées de la Communion romaine.

Palais de Lambeth, le 12 août 1878.

Ayant reçu la lettre ci-incluse du Père Hyacinthe Loyson, je suis d'avis que la meilleure manière de lui venir en aide, suivant sa demande (outre les secours pécuniaires que la Société anglo-continentale peut lui procurer), c'est de le remettre à la conduite et à la direction du primus de l'Église épiscopale d'Écosse.

A. C. CANTUARIENSIS.

LETTRE DU TRÈS RÉVÉREND ROBERT EDEN, ÉVÊQUE DE MORAY, ROSS ET CAITHNESS, PRIMUS DE L'ÉGLISE ÉPISCOPALE D'ÉCOSSE,

A M. Hyacinthe Loyson, prêtre.

Hedgefield House, Inverness (Haute-Écosse),
le 25 septembre 1878.

Révérend et cher monsieur,

Sa Grâce l'archevêque de Cantorbéry et autres membres du Comité nommé dans la récente réunion de Lambeth m'ont chargé de m'entendre avec vous sur les matières qui font l'objet de votre lettre du 4 août dernier, adressée à Sa Grâce comme président de ce Comité.

Afin d'éviter les inconvénients et les délais que pourrait entraîner la difficulté de réunir les différents membres de ce Comité, et afin de vous procurer plus sûrement l'aide que vous cherchez, il a été jugé expédient qu'un membre du Comité fût désigné pour vous servir de conseiller et de guide.

En souvenir de l'alliance traditionnelle et des relations amicales qui existèrent autrefois entre la France et l'Écosse, le choix d'un évêque écossais pour ranimer de telles relations et établir, s'il plaît à Dieu, une alliance entre nos anciennes Églises sur des bases plus élevées et plus durables que celle même qui, aujourd'hui, existe si heureusement entre nos deux pays, ce choix d'un évêque écossais m'est infiniment agréable : il le sera peut-être à vous aussi, Révérend Monsieur, et à ceux de vos compatriotes qui sont associés avec vous dans ce mouvement religieux.

J'ai sous les yeux votre lettre à l'archevêque, et j'en conclus que le but que vous poursuivez, ainsi que les personnes qui agissent avec vous, n'est pas la formation d'une nouvelle secte protestante, mais l'établissement d'une réforme dans la doctrine et la discipline de votre ancienne Église de France, d'après les mêmes principes primitifs et catholiques qui ont présidé à la réforme de l'Église d'Angleterre au seizième siècle. Vous vous proposez de lui rendre son indépendance nationale et de reconquérir les libertés et les franchises qui lui ont été ravies par une usurpation étrangère. Vous voulez empêcher qu'une telle réforme dégénère en une révolution ecclésiastique , et, à cet effet, vous désirez être dirigés et gouvernés par une surveillance épiscopale, dûment autorisée, assez forte pour écarter du mouvement tout élément non catholique et rationaliste. N'ayant pu obtenir une telle surveillance, une telle direction, d'aucun de vos évêques nationaux, vous vous êtes adressé à l'épiscopat anglican , lui demandant de reconnaitre votre mission en France et de placer provisoirement les prêtres et les laïques qui s'y rattacheront sous un ou plusieurs de ses membres, jusqu'à ce que vous soyez en état de vous constituer en Eglise complète et autonome.

Dans les temps ordinaires et dans les conditions normales, l'Eglise épiscopale anglicane n'aurait pu faire qu'une réponse à une telle requête. Elle aurait été contrainte d'opposer à votre demande une fin de non-recevoir, comme violant la règle et l'ordre canonique de l'Eglise catholique, d'après lesquels nul évêque ou prêtre d'une Eglise ne doit exercer ses fonctions dans le diocèse d'un autre prélat, sans le consentement de ce dernier. Mais le temps actuel n'est pas un temps ordinaire : jamais, depuis l'agitation du seizième siècle, il ne s'était produit un mouvement religieux et ecclésiastique aussi sensible et aussi étendu. Au seizième siècle, le mouvement était limité à l'Europe ; on le ressent aujourd'hui dans le monde entier. En même temps est apparu, avec une puissance inconnue jusqu'ici, un esprit de doute et de scepticisme scientifique, qui menace les fondements mêmes de l'Église du Christ. Il est naturel que, dans un moment comme celui-ci et dans de pareilles circonstances, le corps tout entier de l'Église se tourne vers l'épiscopat chrétien pour lui demander lumière et direction. C'est vers l'épiscopat anglican que vous vous êtes tournés, Révérend Monsieur, vous et vos frères, et vous lui avez demandé aide et sympathie dans les conjonctures particulières et les difficultés pressantes que vous traversez. Vous n'êtes pas d'ailleurs les seuls à chercher ainsi l'aide de cet Épiscopat. Pareil fait s'était déjà présenté à la conférence de Lambeth : des protestations solennelles s'étaient élevées de beaucoup d'Églises et communautés chrétiennes, dans le monde entier, contre l'usurpation du siège de Rome et contre les nouveaux dogmes promulgués par son autorité. Des appels ont été faits par ces Églises et ces communautés à l'intervention de l'épiscopat anglican, dans des difficultés analogues aux vôtres. Adressés

à des évêques qui n'étaient pas sous le même joug,
de tels appels étaient légitimes, et comme, par
suite des décrets du concile du Vatican, la condition de ces communautés opprimées était sans
espoir, à moins qu'elles reçussent secours du
dehors, la conférence de Lambeth n'a pas hésité à
reconnaître la ligne de conduite que devaient suivre
les évêques vis-à-vis de leurs frères engagés dans la
lutte. Telle est, en effet, la position : les demandes
faites, depuis des siècles, par un grand nombre des
plus éminents et des plus fidèles adhérents de l'Église
romaine pour une réforme dans sa tête et dans ses
membres, ont enfin reçu une réponse, mais une
réponse qui ne peut mettre fin à la question, celle
d'une autorité qui revendique pour elle l'infaillibilité et qui déclare que toutes les définitions doctri-
nales du Pontife romain, en matière de foi et de
mœurs, sont irréformables. Ce décret, visant par sa
nature le passé autant que l'avenir, a pour jamais
fermé la porte à toute tentative de réforme et a ré-
duit à l'impuissance les membres de la communion
romaine qui, protestant contre une autorité usur-
patrice des attributs du Seigneur Jésus-Christ et
contre les dogmes nouveaux et anti-catholiques
promulgués par cette autorité, voudraient se ré-

former sur le modèle de l'Église primitive, et se voient refuser toute aide et toute sympathie par leurs propres évêques.

La conférence de Lambeth est donc sympathique à tout mouvement de réforme en harmonie avec les principes sur lesquels l'Église d'Angleterre s'est elle-même réformée, et elle a exprimé sa bonne volonté de venir en aide à ces Églises et à ces communautés qui, au milieu de difficultés presque insurmontables, cherchent à secouer le joug de l'erreur et de la superstition. Et toutefois, en agissant ainsi, la conférence de Lambeth n'a pas oublié les règles canoniques de l'Église, dont j'ai fait mention, et le respect dû à l'action légitime de l'ordre ecclésiastique dans les différentes provinces et les différents diocèses de la chrétienté. Le principe général qu'elle a tout spécialement affirmé pour les Églises de la communion anglicane s'applique avec la même force à toutes les Églises catholiques. Ce principe, c'est l'action légitime des Églises nationales et l'autorité des évêques dans leurs propres diocèses. Mais, par cela même qu'il implique la juste liberté et l'indépendance des Églises nationales et de leurs évêques, ce principe est diamétralement opposé à celui de Rome. L'application des principes de l'ordre ecclésiastique, essentiels à la discipline dans les temps ordinaires, est cependant sujette à être modifiée ou même suspendue, lorsque les besoins de l'Église exigent l'intervention d'un principe supérieur. Ainsi trouvons-nous dans l'enseignement et la pratique de quelques-uns des Pères et des évêques les plus éminents de l'Église primitive que, lorsque la foi était mise en péril par l'hérésie ou la persécution, et que les évêques hérétiques ne voulaient conférer les ordres qu'à un clergé hérétique comme eux, ces évêques et ces Pères n'hésitèrent point à agir en vertu de la mission conférée à l'épiscopat par le Christ pour la conservation de la foi et pour le gouvernement de l'Église, et qu'ils consacrèrent des hommes orthodoxes dans de tels diocèses, quoique cela fût contraire à la règle ordinaire de l'Église. Et, pour agir ainsi, ils ne demandèrent de dispense ni à l'évêque de Rome, ni à aucun autre ; mais, comme membres de l'épiscopat unique auquel le Christ a confié la conservation de la foi, et comme évêques catholiques de l'Église universelle, ils se sentaient individuellement obligés à exercer leur pouvoir épiscopal dans n'importe quelle partie de la terre où les nécessités de l'Église et le danger de la foi le demandaient.

C'est en vertu de cette grande mission reçue du Christ par l'épiscopat pour la défense de la foi, pour le gouvernement de l'Église, et pour la protection de ceux qui souffrent à cause d'elle, que les évêques de la communion anglicane, assemblés à Lambeth, ont autorisé un Comité de leurs propres membres à offrir l'aide nécessaire aux communautés chrétiennes qui, cherchant à secouer le joug intolérable de l'usurpation papale et des dogmes nouveaux et non catholiques qu'on veut leur imposer, demanderaient secours pour se réformer sur le modèle de l'Église primitive. Comme membres d'une de ces Églises opprimées, vous et vos frères avez profité de cette offre et fait appel à ce Comité.

Ainsi que je vous l'ai donné à entendre au commencement de cette lettre, le Comité, répondant à votre appel, m'a accrédité pour me mettre en rapport avec vous et vous a adressé à moi pour recevoir mes directions et l'aide dont vous avez besoin. Je suis prêt à entreprendre l'œuvre qui m'est ainsi confiée, et, en reconnaissant votre mission, fondée sur les principes énoncés dans votre lettre, à vous offrir une surveillance provisoire et à vous mettre en mesure de conférer officiellement avec moi sur les détails de l'œuvre dans laquelle vous êtes engagé. Vous comprendrez facilement qu'il nous soit impossible de nous engager à l'exercice des fonctions épiscopales dans votre mission, avant de connaître le rituel révisé que vous vous proposez de publier, ainsi que l'ordre et la forme de la célébration du service divin et de l'administration des sacrements et autres offices sacrés de l'Église. Nous ne demandons pas, pour employer les termes de la conférence, une uniformité rigide, et je veux ajouter que nous ne désirons aucunement amoindrir la liberté qu'a toute Église nationale et catholique de formuler sa propre liturgie et de déterminer les cérémonies et les rites qu'elle entend pratiquer. Nous nous souvenons toutefois de l'antique maxime : *Lex orandi, lex credendi.* C'est pourquoi si nous vous accordons, comme vous le demandez, d'exercer les fonctions épiscopales selon votre rituel, nous ne pouvons le faire qu'à la condition que ce rituel ne contiendra rien, dans son langage et ses cérémonies, qui soit contraire à la parole de Dieu, aux principes énoncés dans nos propres formulaires et aux prérogatives de l'unique chef divin de l'Église, de l'unique médiateur entre Dieu et les hommes, l'Homme-Dieu, Jésus-Christ. La révision de votre rituel, que vous vous proposez de faire selon la primitive liturgie gallicane, adaptée à vos besoins actuels, semble fournir la meilleure assurance que votre liturgie, ainsi réformée, sera conforme aux principes qui nous sont communs, vous le dites vous-même, et que, de la sorte, toute difficulté sera écartée.

Si, comme je l'espère, nous pouvons vous donner la surveillance provisoire que vous désirez, je prie Dieu ardemment et je m'assure que, par l'assistance de son Saint-Esprit, nous pourrons diriger le mouvement sans qu'il se produise aucun schisme du genre de ceux qui résultèrent du refus de la part des évêques de reconnaître et de diriger le grand mouvement religieux du seizième siècle : reconnaissance et direction qui furent aussi vivement désirées par les réformateurs d'alors qu'elles le sont maintenant par vous-même et par ceux qui travaillent avec vous.

Je suis heureux d'ajouter que, sur ma demande, l'évêque d'Édimbourg a consenti, avec beaucoup de bienveillance, à être associé avec moi dans la direction future de cette œuvre.

Je vous prie de me croire, très-révérend et cher monsieur, votre très-fidèle en Notre-Seigneur,

ROBERT,
Évêque de Moray, Ross et Caithness,
Primus de l'Église épiscopale d'Écosse.

Lettre de M. Hyacinthe Loyson, prêtre,

*Au très-révérend Robert Eden, évêque de Moray, Ross
et Caithness, primus de l'Église d'Écosse.*

Paris, le 8 octobre 1878,
Veille de la fête de saint Denys, premier évêque de Paris.

Très-révérend évêque et père dans le Christ,

J'ai reçu la lettre par laquelle vous avez bien
voulu m'informer qu'à la suite de la demande
adressée par moi au révérendissime archevêque
de Cantorbéry, en date du 4 août dernier, la
Commission épiscopale représentant l'épiscopat
uni d'Angleterre et d'Amérique vous a désigné
pour prendre sous votre autorité et sous votre
direction l'œuvre des anciens-catholiques de
France, jusqu'à ce qu'ils aient un épiscopat qui
leur soit propre.

Je me réjouis du fond du cœur de ce que les
évêques anglo-américains ont compris la haute

mission qui leur est imposée par la situation exceptionnellement et douloureusement grave où se trouve l'Église latine. J'ose dire que, en accomplissant un grand devoir, ils ont prouvé en même temps à leurs contempteurs que l'épiscopat qu'ils exercent n'est pas exclusivement et étroitement national, mais véritablement catholique, et qu'il étend sa sollicitude aux membres, quels qu'ils soient, du corps de Jésus-Christ, qui est l'Église.

Je remercie les évêques de l'aide qu'ils consentent à nous accorder, et que nous acceptons dans le même esprit qui les a portés à nous l'offrir : esprit de charité chrétienne et de largeur catholique.

Je les remercie tout particulièrement du choix qu'ils ont fait de votre personne, très-révérend évêque et père dans le Christ, pour les représenter auprès de nous. Les sympathies si chaleureuses que vous avez bien voulu me témoigner dès notre première entrevue m'avaient attaché à vous d'une manière aussi affectueuse que respectueuse. L'expérience de votre long et fécond ministère, comme la fermeté de vos principes ecclésiastiques, me faisaient désirer de relever de votre autorité.

Le très-révérend évêque d'Édimbourg, que vous

avez associé à votre sollicitude pastorale à l'égard de notre œuvre naissante, nous est déjà connu par sa réputation. Vous me permettrez de lui offrir par votre entremise tous nos remercie-ments.

Je vous enverrai, dès qu'il sera terminé, un projet de révision du catéchisme et de la liturgie, auquel je travaille actuellement, et qui sera soumis à votre examen et à votre approbation.

Veuillez agréer, très-révérend évêque et père dans le Christ, l'expression de notre reconnais-sance bien sentie et l'hommage des sentiments de respectueux et affectueux dévouement dans lesquels je demeure

Votre très-humble et très-obéissant serviteur et fils dans la sainte Église catholique.

HYACINTHE LOYSON,
Prêtre.

LETTRES DE M. EDOUARD HERZOG, ÉVÊQUE
DE L'ÉGLISE CATHOLIQUE-CHRÉTIENNE DE LA SUISSE,

A M. Hyacinthe Loyson, prêtre.

Berne, le 26 août 1878.

Cher et vénéré Confrère,

Moi aussi, je suis revenu d'Angleterre plein de
satisfaction de mon voyage. Mon estime pour
l'Eglise anglicane n'a pu que s'augmenter et s'af-
fermir par tout ce que j'ai vu, entendu et éprouvé.
Je regarde comme tout à fait catholiques les principes qui ont été promulgués par le Synode de
Lambeth, dans l'article relatif au mouvement
vieux-catholique. Je serai toujours prêt à donner
la sainte communion dans mon Eglise à toutes les
personnes qui reconnaissent de tels principes, et
je n'aurai personnellement aucun scrupule de com-
munier dans une Eglise anglicane.

Que Dieu bénisse vos travaux! J'espère que

vous n'aurez plus de difficultés pour établir un culte régulier. J'ai emporté de ma récente visite à Paris une conviction toute nouvelle que la religion catholique est perdue en France, s'il n'est pas possible d'y opérer une réforme. Puissiez-vous élever au centre de votre pays une forteresse destinée à sauver le christianisme dans l'Église catholique de France !

Avec votre autorisation, donnée au nom de la mission que vous représentez, je conférerai les saints ordres, avec le plus grand plaisir, à vos candidats, espérant qu'ils vous seront un jour de fidèles collaborateurs.

Un ami de votre œuvre m'a exprimé l'excellente pensée de voir consacrer un jour un évêque catholique-chrétien, pour la France, par un évêque d'Écosse et par un évêque vieux-catholique, par exemple par celui de la Suisse. J'ai répondu immédiatement que j'y consentirais avec le plus grand plaisir.

Recevez, cher et vénéré Confrère, la nouvelle assurance de mon inaltérable et respectueuse affection.

ED. HERZOG.

Berne, le 2 décembre 1878.

Cher et honoré Confrère,

Je suis très-satisfait de vous voir publier les actes de votre relation avec l'Eglise anglo-américaine. Je vous serai reconnaissant si vous avez la bonté de déclarer publiquement que c'est uniquement parce que les autorités fédérales ne me permettent pas d'exercer d'actes de juridiction hors de la frontière, que vous n'êtes pas placé sous l'autorité de l'évêque catholique-chrétien de la Suisse, mais que je vous ai promis tous les services purement spirituels ou sacramentels que je pourrai vous offrir.

En outre, je vous autorise à déclarer formellement que j'ai reconnu à plusieurs reprises la catholicité de l'Eglise anglo-américaine, et que j'ai, en conséquence, parfaitement approuvé la démarche que vous avez faite, en plaçant votre œuvre sous la juridiction provisoire du primus d'Ecosse ou de tout autre évêque de cette Eglise anglo-américaine qui vient d'affirmer dans la conférence de Lambeth « qu'elle ne demande pas une uniformité rigide, et qu'elle salue avec joie tout essai de réforme opéré sur le modèle de l'Église primitive. »

Je suis convaincu que l'évêque Reinkens sera très-content si vous dites que vous tenez beaucoup aussi à la communion avec l'Église ancienne-catholique de l'Allemagne.

Votre tout dévoué confrère en Jésus-Christ.

HERZOG.

LE PROCHAIN COROLLAIRE.

Il existe en Orient une grande Église, la plus ancienne et, en un sens, la plus vénérable de toutes : l'Église orthodoxe gréco-russe. Les évènements contemporains semblent lui préparer un rôle considérable, non-seulement dans l'évangélisation et la civilisation de l'Asie, mais dans la restauration de l'unité catholique en Europe. Ce n'est pas sans une joyeuse espérance que, à l'heure même où j'écris ces lignes, les nombreux amis de cette antique Église saluent l'élévation au premier de ses sièges d'un esprit aussi ferme, aussi libéral et aussi cultivé que l'est Joachim III, patriarche de Constantinople [1].

1. « Je vous ai parlé à plusieurs reprises déjà du patriarche œcuménique : tout prouve qu'il continuera à jouer au milieu de nous le rôle qu'il remplissait si bien à Salonique, lorsqu'il en était l'évêque, celui de véritable ministre de paix et de concorde. Les israélites de cette ville, où ils sont plus de 60,000, avaient pour lui la plus extrême vénération ; ils le prenaient souvent comme arbitre, et, quand il est parti, ils l'ont conduit en foule au bateau. Le grand rabbin de Constantinople, en lui faisant sa visite officielle,

Malheureusement, l'éloignement des lieux, la différence des idées et des mœurs, nous ont jusqu'à présent rendu difficiles les relations, d'ailleurs si désirables, avec le christianisme oriental. Peut-être aussi existe-t-il, chez un certain nombre de ses représentants, des préjugés et des malentendus, que des esprits étroits ou chagrins s'efforcent de perpétuer et même d'aggraver, mais qui tomberont d'eux-mêmes, je n'en doute pas, quand l'heure des rapprochements providentiels aura sonné.

Dans une lettre qui m'était adressée vers le temps du premier congrès des anciens-catholiques et qui a été rendue publique par son auteur lui-même, lettre qui n'était pas d'ailleurs exempte de toute trace de ces malentendus, le président du Saint-Synode d'Athènes, Mgr Théophile, écrivait les paroles suivantes :

« Vous êtes maintenant réunis, cher fils en Jésus-Christ, non-seulement pour rendre à l'Église

l'a remercié d'avoir su se faire aimer de la sorte de ses co-religionnaires, ajoutant qu'il ne doutait pas qu'il en fût de même dans sa nouvelle résidence. Le patriarche lui a répondu par quelques mots qui résument ses sentiments et en même temps les devoirs véritables du prêtre : « Que le juif, a-t-il dit, aille à la synagogue, le musulman à la mosquée, le chrétien à l'église ; hors de là, je ne vois en eux que des frères ! » (*Journal des Débats* du 7 décembre 1878.)

latine sa liberté première, mais pour travailler, comme vous le dites, à l'union des Églises. Votre œuvre est grande et glorieuse, utile à l'univers entier, mais en même temps hérissée de difficultés de toute sorte, ainsi que vous n'en doutez pas vous-même.

« L'Église orthodoxe d'Orient suit avec le plus grand intérêt vos nobles et courageux efforts pour la liberté chrétienne. Elle prie ardemment le Très-Haut que la grâce du Saint-Esprit éclaire votre intelligence de ses divins rayons, qu'elle aplanisse tous les obstacles, et qu'elle vous conduise au port du salut pour la gloire de son Église une, catholique et apostolique, et pour la réalisation de la parole du Seigneur : « Un seul troupeau et un seul « pasteur ! [1] »

1. Lettre adressée le 5 (17) novembre 1871 à M. Hyacinthe Loyson par Mgr Théophile, président du Saint-Synode d'Athènes, et reproduite dans l'*Espérance de Rome* du 25 février 1872.

Coulommiers. — Typog. PAUL BRODARD.

www.ingramcontent.com/pod-product-compliance
Lightning Source LLC
Chambersburg PA
CBHW061117050726
47594CB00005B/1975